कोहिनूर

एक महिला की दास्तां / एक महिला का सफ़र

डॉ. हरमीत कौर भल्ला

First published in 2021 by
BecomeShakespeare.com

One Point Six Technologies Pvt Ltd,
Office No. 119-123, 1st Floor,
Building J2, B - Wing,
WadalaTruck Terminal, Wadala East, Mumbai,
Maharashtra, India, 400022.
T: +91 8080226699

ISBN - 978-93-5438-894-1

समर्पितः

मेरी बेशक़ीमती महिलाओं को
सबसे दिव्य रचनाओं को
कोहिनूर की तरह

अभिस्वीकृति

भगवान के बिना, मैं कागज के किसी खाली टुकड़े की तरह हूँ। वह मेरी कलम को एक शांत और सौम्य नदी की तरह बहाता है।

मैं अपनी माँ, अमरजीत कौर की आभारी हूँ जो मुझे इस दुनिया में लायीं और मेरे ससुर बावा हरगोपाल सिंह भल्ला, जिन्होंने मुझे मेरी सफलता की कहानी लिखने में मेरी मदद की।

विषय-सूची

खंड 1

उपासना

एक उपहार

[एक बहू की ओर से अपने ससुर को]

सदियों तक ऐसा इंसान

दोबारा जन्म नहीं लेगा

जो मुझे फिर से एक निडर ज़िन्दगी

जीने का रास्ता दिखाएगा

शब्द बेशुमार हैं

जो मैं उनकी तारीफ़ में कह सकती हूँ

मैं उनके पैरों की धूल भी नहीं हूँ

मुझे कभी अपने माँ-बाप की कमी का एहसास नहीं होने दिया

अब हमेशा के लिए मेरी आँखें नम हैं

मुझे ज़िन्दगी जीने का तरीका सिखाया

उन्होंने मुझे ज़िन्दगी के

कुछ ख़ास पहलुओं का एहसास करवाया

पैसे कमाना आसान है पर इज़्ज़त पाना मुश्किल

अगर कोई ईमानदारी और समर्पण से अपनी ज़िम्मेदारियाँ निभाता है
आने वाली पीढ़ियों की ज़िन्दगी और आसान हो जाएगी

जो वक़्त का पाबन्द है
उसके लिए ख़ुशियाँ खड़ी है
जब मुश्किल वक़्त आता है
बस अपना सर झुकाओ
अपनी सभी मुश्किलें
वाहेगुरु के हाथ में छोड़ दो
ज़िन्दगी में ऐसे सबक़ सीखो
जो तुम्हें ज़िन्दगी में आगे बढ़ने में मदद करें
उन्होंने कबीर के शब्दों को दुहराया
"जब हम इस दुनिया में आए
मैं रोया और दुनिया हंसी
जब मैं इस दुनिया से जाऊंगा
दुनिया रोएगी और मैं हंसूंगा"

सोने का दिल

रत्न जड़े सिंहासन पर बैठे तुम सोच रहे हो

गड़गड़ाहट में से कुछ बनाना है

प्रक्रिया काफ़ी धीमी होगी

कुछ ना बदलने वाला ढालना है

धरती के लिए कोई भव्य कृति

धरती पर पुरुष के लिए साथी

यह एक कीमती औरत होगी

जिसके पास जन्म देने के लिए कोख होगी

सर से पाँव तक एक रहस्यमयी सुंदरता

आदमी हमेशा उसका दोस्त या दुश्मन रहेगा

उसकी मनोहर आँखें दुनिया को ताकेंगी

उसके होंठ भरे हुए और त्रुटिहीन होंगे

उसकी त्वचा दोषरहित और बेदाग़

वह उसमें सोने का दिल डालेगा

नई और पुरानी लालसाओं को सहने के लिए

उसका वक्ष एक शिशु को पोषण देगा

ईश्वर नहीं चाहता वह अज्ञानी रहे
उसका कमनीय शरीर आकर्षित करेगा
कई आदमियों को व्याकुल करेगा
वह वेदनाओं और उल्लासों का ध्यान करेगी
ईश्वर ने एक पवित्र और मासूम कृति बनाकर
पीढ़ी को आगे बढ़ाया है।

नए सिरे से परिभाषित बराबरी

जब मैं तकलीफ सहती नारियों को देखती हूँ
मुझे गुरु नानकदेव जी के सुंदर शब्द याद आते हैं
"उसे बुरा क्यों कहते हो
उससे राजा जन्म लेते हैं"
सिख धर्म के संस्थापक
नारीवाद को पूरी तरह समझते थे
नारियां ईश्वर की कृति हैं
वो सिर्फ़ पैदा करने के लिए नहीं हैं
एक ज़्यादा झुकी हुई विनम्र आत्मा
उसने एक भविष्य का सपना देखा
लिंग भेद मत करो
नारीवाद की तारीफ़ करो
ज़्यादातर आदमी अपूर्ण हैं
नारी की तरफ ज़्यादा उदार बनो
उसकी जगह बराबरी की हो
उसके बिना ना चल सके उसे ऐसी जगह दो

पीढ़ियां आती जाती रहेंगी
पुरुषो अपना अहं छोड़ो।

रोशनी का पहाड़

पांच हज़ार साल पहले

स्यमन्तक का रत्न चमक रहा था

सूर्य भगवान के गले की शोभा बढ़ा रहा था

सूर्य भगवान का अनन्य भक्त सत्राजित

वे उससे इतने प्रसन्न हुए

उसे एक अनोखा रत्न दिया

वह उस चमकीले रत्न के साथ द्वारका की ओर भागा

जहाँ उसका सामना भगवान श्री कृष्ण से हुआ

उन्होंने उसे इसे उग्रसेन को उपहार में देने का आदेश दिया

सत्राजित ने एक अलग तरकीब सोची

उसने वह हीरा अपने भाई प्रसेन को दे दिया

उसने उस अनमोल उपहार को संजोया

अब उसे कोई नहीं चुरा सकता

वह उसे लेकर जंगल में गया

जहाँ उसे जंगल के राजा ने मार डाला

शेर को स्यमन्तक मिला

अचानक भालुओं के राजा जांबवन प्रकट हुआ

शेर मारा गया और रत्न छीन लिया गया

चोरी हुए रत्न का दोष कृष्ण पर आया

वह जंगल में गए एक अनिश्चित ध्येय के लिए

लड़ाई अट्ठाईस दिन चलती रही

आख़िर में जांबवन गिर पड़ा और प्रार्थना की

उसे एहसास हुआ कृष्ण से जीतना मुश्किल है

रत्न सम्मान के साथ भगवान को लौटाया

साथ में पत्नी के रूप में अपनी बेटी दी

भगवान श्री कृष्ण ने पत्नी के रूप में उसका स्वागत किया

रत्न उनके जीवन से ज़्यादा कीमती नहीं था

सत्राजित को भगवान श्री कृष्ण से रत्न वापस मिल गया

उसे कृष्ण पर सन्देह करने पर शर्म आई

वह हीरा कोहिनूर माना जाता है

बहुत प्रिय रोशनी का पहाड़
जिस धरती का यह होगा
उस पर कभी उदासी भरा गीत नहीं गाया जाएगा
वह फलेगी और फूलेगी
उसमें हमेशा अपार संपदा रहेगी।

पवित्र माँ - सारदा देवी

उस जोड़े की विचित्र परिकल्पनाएं थीं
जयरामबती गांव जगमगाएगा
एक बेटी जन्म लेगी ज्ञान देने के लिए
सालों तक आने वाली पीढ़ियों को
उन्होंने उसका नाम रखा सारदा देवी
जो भक्त थी देवी लक्ष्मी और काली की
एक पांच साल की मासूम और कोमल लड़की
की गर्व के साथ कर दी गई शादी
रामकृष्ण परमहंस तेईस साल के थे
एक गहरे अंतर्ज्ञान ने उसे मानने पर मजबूर किया
एक नया युग शुरू हुआ
चौदह की उम्र में वह अपने पति के पास गई
शादी कभी पूर्ण नहीं हुई
रास्ता उल्लासित था
उसने उसे धैर्य से ढाला
उसने आध्यात्मिकता आत्मसात की
दोनों ने मिलकर साधुता अपनाई

भाईचारे का सन्देश फैलाने के लिए
वह सबकी माँ बन गई
उसकी शिक्षा सबके लिए थी
मिली हुई ज़िन्दगी के लिए हमेशा ईश्वर का शुक्रिया करो।

लक्ष्य तय करने के लिए ध्यान लगाना शुरू करो
दिमाग़ को शांत और अशुद्धि से मुक्त करो
हर हाल में दिमाग़ ही सबकुछ है
इसे शुद्ध करो या अशुद्ध करो
अपने गुरु पर विश्वास रखो
अपने गुरु की तरह श्रेष्ठ जीवन जियो।

रास - लीला

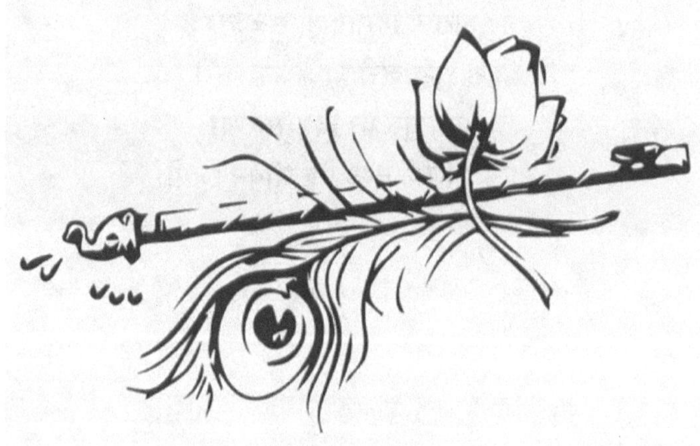

ओ! कृष्ण
शानदार तरीके से
दूर किसी जगह से
तुम संगीतमय बांसुरी बजाते हो
सम्मोहक संगीत, दृश्य विस्मयकारी है

इमली के पेड़ के नीचे

तुम पांव पर पांव रखे खड़े हो
शानदार और संपूर्ण
ज्ञान से तुम्हारी दिव्यज्योति परिपूर्ण

टहनियों ने नाचना शुरू कर दिया
पत्तों ने जगमगाना शुरू कर दिया
उसकी मंत्रमुग्ध करती मौजूदगी
मोर पंख के मुकुट की सुंदरता

सदियां बीत गई हैं
ये औरतें इकट्ठी हुई हैं
आकर इनका हाथ थामो
गोपियाँ तुम्हारी धरती की हैं

उदास और निराश
कर रही हैं अपनी बारी का इंतज़ार
रास लीला करने के लिए
भगवान के साथ एक हो जाने के लिए

मीराबाई

एक छोटी-सी लड़की
नज़रें अपने आराध्य पर टिकी हुई
मंत्रमुग्ध कर देने वाले नैन नक्श
छोटे छोटे पांव नाचते हुए

हमेशा अविचल रहता है
क्या वह बोलने से वंचित है
उसकी रंगत गाढ़ी नीली
पोशाक चकाचौंध करने वाली

कृष्ण और राधा
बेहिसाब मंदिरों में हैं
विशिष्ट छवियों के साथ
परमानन्द की अभिव्यक्ति

रात ढल रही है
नीली से काली हो रही है
अदृश्य और अथाह
खोज निरंतर चल रही है।

दिल से दिल तक

आज के बाद
चलो दिल की मर्ज़ियाँ मानें
चलो पीढ़ियों को बदलें
दिल की मानकर
हर घंटे, मिनट और सेकंड
अपने दिल की सुनो
पता है हर बच्चा एक आशीर्वाद है

चलो धरती को
रहने के लिए एक अनूठी जगह बनाएं
अपने दिल की सुनकर
चलो जुड़ जाएं
दिल से दिल तक

ईश्वरीय के साथ मेरा अनुभव

मैं अपने दिव्य ईश्वर में इतनी खोई हूँ
ईश्वर के बारे में लिखते हुए मेरे हाथ नहीं थकते
मैं प्रार्थना के लिए वक़्त नियत करने में विश्वास नहीं करती हूँ
जब उसके गहरे ख़्यालों में मैं अपने आंसू महसूस कर सकती हूँ।

जब भी मुश्किल में होती हूँ, चुपचाप बैठकर प्रार्थना करती हूँ
वह मुझे कभी रास्ते से भटकाएगा नहीं मैं जानती हूँ
वह एक ख़ुशनुमा अनदेखी ताक़त है
हर मिनट, हर घंटा, वह मेरे साथ है।

मुझे रात को उनके सपने आते हैं
मैं डर कर जागती हूँ जब वह मेरे पास आते हैं
मैं महसूस कर सकती हूँ वह मेरे साथ बैठे हैं
लगता है जैसे मुझे आशीर्वाद देते हैं।

चमत्कार

मैंने महसूस किया है
मैंने पहचाना है
मैंने समझा है
उसकी मौजूदगी की थाह पाना
बहुत मुश्किल है

चमत्कार होते हैं
मुझे स्नान करना अच्छा लगता है

पवित्र नदी में
उसकी ख़ुशबू से भरी हुई
मुझे उसकी मौजूदगी का एहसास होता है
ईश्वर मुझे संतोष देता है
जब मैं परेशान होती हूँ,
मुझे उम्मीद देता है
जब मैं हैरान होती हूँ।

मेरा कल्पना लोक

मेरी उम्मीदें तुम्हारे साथ हैं हमेशा
सिर्फ़ तुम ही कर सकते हो कुछ नया
वह जगह अनोखी है जहाँ हम रहते हैं
जहाँ लोग पास से और दूर से आते रहते हैं

स्वर्ग से आओ और मेरा हाथ पकड़ो ईश्वर

चलो एक कल्पना लोक बनाएं इस धरती पर
ऐसी जगह जहाँ आशियाने हों कम
जो सब दिखें एक जैसे और नए एकदम

जहाँ बगीचों में रसदार फल लटकते हैं
जहाँ भँवरे इंद्रधनुषी रंगों के फूलों का रस चूसते हैं
जहाँ छोटी नदियां घास के मैदानों के आर पार बहती हैं
जहाँ चरागाहों पर जानवर तेज़ दौड़ते हैं

रहने वाले इंसानों का बर्ताव दोस्ताना होगा
उनमें आपस में गहरा प्यार होगा
स्त्रियों के लिए ख़ास सराहना होगी
इंसान शांत और अनौपचारिक होंगे

वहां सिर्फ नेकी होगी कोई पाप नहीं
इंसानों के लिए सिर्फ़ जीत होगी कभी हार नहीं
मुझे उम्मीद है तुम मेरी यह कल्पना पूरी करोगे
इस जीवन में मुझे अपने सपनों की दुनिया में जीने दोगे

हम चाहते हैं तुम वापस आओ

भगवान, सदियां हो गईं, हम अकेले हैं
बस तुम्हारी मौजूदगी का एहसास और आहें हैं
दुनिया बेपरवाह रास्ते पर है
हम चाहते हैं तुम वापस आओ

जंगल काट दिए गए हैं
नदियाँ ज़हरीली हो गई हैं
सांस लेने के लिए हवा दूषित हो गई है
हम चाहते हैं तुम वापस आओ

इंसान निराश हो चुका है
उसका सर बस तुम्हारे लिए ही झुका है
वह ईर्ष्यालु, लालची और बुरे दिमाग़ का हो चुका है
हम चाहते हैं तुम वापस आओ

विशाल चट्टानें फिसलती हैं और भूकंप आते हैं
पंख से हल्के बर्फ़ के टुकड़े अब महसूस नहीं हो पाते हैं
हम में उदारता की कमी है
हम चाहते हैं तुम वापस आओ

मुझे आज़ाद रहने दो

मुझे आज़ाद रहने दो
वेदना और रंज से
चौड़े और तंग से

मुझे आज़ाद रहने दो
आनन्द और हंसी से
पाप और संहार से

मुझे आज़ाद रहने दो
वंश और इतिहास से
भावुकता और उत्पादकता से

मुझे आज़ाद रहने दो
पुरुषतत्त्व और स्त्रीत्व से
मुझे एक होने दो
अपने ईश्वर से

भगवान मुझे औरत बनाने के लिए शुक्रिया

मुझे औरत बनने का कभी अफ़सोस नहीं हुआ

मेरे लिए है पुरुष के बराबर मौका

तूफ़ान का सामना करने की ताक़त ईश्वर देता है

जो मैं बदल सकती हूँ उसके लिए उसका शुक्रिया है

मेरे पास ज्ञान बहुत ज़्यादा है

किसी को दुःख नहीं पहुँचाऊंगी

यह मेरा वादा है

मैं तैर कर समुद्र पार कर सकती हूँ

सबसे ऊँचे पर्वत पर चढ़ सकती हूँ

तैरते हुए बादलों की तरह चुपचाप मुश्किलें करती हूँ पार

भारी से भारी बोझ उठाने को हूँ तैयार

मैं संघर्ष करूँगी और बढ़ूँगी

मैं कल की अधिनायक बनूँगी

मैं बन सकती हूँ कई नाराज़गियों की वजह

भगवान मुझे औरत बनाने के लिए शुक्रिया

उपासना

तुम्हारी रचना अद्भुत है
सर्वशक्तिमान और सर्वज्ञ है
अकेले ब्रह्माण्ड पर शासन करती है
पूरी तरह से तुम्हें समर्पण करती है
सबके मालिक की जय हो
हर आत्मा के लिए प्रेरणा हो
हमें बस चाहिए धरती पर स्वर्ग

खंड 2

साहचर्य

सिंदूरी बंधन

पांच बजे हैं
भोर हो गई है
रहस्यमयी सुंदरी
माथे पर गोल लाल बिंदी
महोगनी साड़ी

मांग में सिंदूर
गहरी कजरारी आँखें
परंपराओं में नहाती हुई

उपवास करती हुई
उसका पति उसके बाद भी ज़िंदा रहे
उसका जीवन साथी
प्यास और भूख से भरे घंटे
पानी की एक बूँद नहीं
सब्र से ख़ुद को संभालती हुई

भोजन
शुभ चन्द्रमा चमका है
उसका दो भगवानों से मेल
एक स्वर्ग में
एक धरती पर
आशीर्वाद पाती है
उसे खिलाती है
उसे ख़ुश करती है
सभी वादे याद आते हैं
उनके बीच एक सिंदूरी बंधन है।

मिलन

शर्मीली दुल्हन
दहलीज़ पर
एक शानदार स्वागत
नई विपरीत विशेषताएं

रात हुई
दो आत्माओं का मिलन
बातचीत शुरू होती है
उसकी पुरुषवादिता बरकरार है

सारे भेद खोल दिए
शरमाती हुई पत्नी
उसके कोई सवाल नहीं हैं
उसके कोई जवाब नहीं हैं

अतीत दबा दिया
पसंद सीमित हो गयी
नए समझौते
नए हालात

वह कभी हारेगी नहीं
वह हमेशा जीतेगी
अपनी माँ की सीख पर चलेगी
"चुप रहने वाला हज़ारों को हरा देता है"

कश्मक़श

आंसुओं से भरी आँखों के साथ
एक बेटी की माँ
भेज रही है उसे
अपने नए जीवन साथी के पास

शानदार स्वागत किया उसका
एक बेटे की माँ ने
उसके दिल और आत्मा
सदा भाग्यवान रहें

उनका एक हिस्सा
उन्होंने उन्हें जन्म दिया
उनकी प्यास महसूस की है
उनकी धड़कन पहचानी है

नई ज़िन्दगी शुरू होने दो
सपनों को ऊँचा उड़ने दो
समानांतर चल रही दो सड़कें

तुम अखण्ड रहो और सब्र से संभालो

दोनों को बेहद प्यार दो
दोनों को बहुत इज़्ज़त दो
माँ और बीवी प्रिय हैं तुम्हें
एक के लिए दूसरी को मत छोड़ो

पूरब और पश्चिम

मुझे तुम्हारा हाथ अपने हाथ में लेकर चलना है

मुझे तुम्हारे साथ बाग़ में जाना है

गीली हरी घास पर घूमते हुए

मैं चाहती हूँ तुम भूल जाओ अतीत को

चलो ज़िन्दगी दुबारा शुरू करें

चलो कभी अलविदा ना कहें

चलो जो हो गया सो हो गया

चलो एक नया सवेरा देखें

हममें समझ की कमी थी

सुरक्षा भावना की कमी थी

तुम पूरब थे मैं पश्चिम थी

रास्ते में बहुत अशांति थी

सालों हमारा प्यार फला फूला

मुझे आंसू नहीं बहाने थे

चलो ग़लतफ़हमियां करें ख़त्म

चलो ज़िन्दगी का होने दो एक सुंदर अंत

चेरी ब्लॉसम

अच्छा लगता है मुझे अपने बाग़ में उन्हें खिलता हुआ देखना
मुझे हल्का कर देती है इसकी निर्मलता

चेरी ब्लॉसम के नीचे तुम और मैं अपने पैरों को आराम देते हैं
मेरी गोद में गिरते फूल अद्भुत लगते हैं

सफ़ेद फूल दर्शाते हैं प्रशांति
जैसे सफ़ेद कपड़ों में लिपटी नारी दिखाती हो उन्नति

पीले फूल ज्योतिमान करते हैं मेरे जीवन को
मैं अपने जीवन से निकाल देना चाहती हूँ बुरी चीज़ों को

गुलाबी फूल वापस लाते हैं मेरी सुंदरता
मैं शरमाती हूँ और शान से दिखाती हूँ अपनी सुंदरता

लाल फूल मुझे नया बनाते हैं
मुझमें फ़िर से पैदा होने का एहसास जगाते हैं

नीले फूल रहस्यमयी दिखते हैं
मुझे संजीदा दिखाने की कोशिश करते हैं

ये फूल सौभाग्य और क़ामयाबी लाते हैं
ये ख़ुद को सुबह और दोपहर में दिखाते हैं।

सफ़ेद मोर

वह सितारों को ताकती है बाहर काली रात में
क्या उनमें वह है जो बहुत प्यारा था
बीच राह में वह उससे बिछड़ गई
ज़िन्दगी जैसे एक पहेली बन गई

ज़िन्दगी चमक रही थी बेशुमार रंगों में
शानदार दिनों और सुखद घंटों में
उसे पसंद था नाचना और घूमना
अपने हीरों और मोतियों को इठला कर दिखाना

उन्होंने उसे सजाया सफ़ेद कपड़ों में
जैसे सफ़ेद मोर चमकीले जंगल में
पोंछ देंगे उसका माथा और फेंक देंगे चूड़ियां
अब उसे कहा जाएगा एक विधवा

वह बड़े दिल से तराशेगी अपना कर्म
दकियानूसी लोग उसे कह सकते हैं डायन
उसे खुलने दो और सांस लेने दो ताज़ी हवा में
वह रोज़ उसे याद करती हैं अपनी प्रार्थना में।

बाल विवाह

सोते हुए उसकी माँ ने उसे उठाया
फिर उसे रथ में बिठाएगी
फिर वो खेलेंगे खेल शादी का
वह है पांच की वह है दस का
कौन उठाएगा बोझ
बच्चे की शादी है जुर्म
अभी उन्हें चढ़नी हैं बहुत सीढ़ियां
अभी वो इस दुनिया से हैं बहुत दूर
सालों लगेंगे उन्हें बनने में मज़बूत
उन्हें ताज़ी हवा में सांस लेने दो
उन्हें नज़दीक और दूर समझने दो
उनके इंसान के रूप में बड़े होने का इंतज़ार करो
उन्हें अपने सपनों की दुनिया बनाने दो।

बेवफ़ाई

तंग गलियां
धुंधले कमरे
खड़ी हैं दहलीज़ पर
बेशर्म और निर्लज्ज
युवा खिलती कलियाँ
कुछ थकी हुई औरतें
शरीर के व्यापार में
आवारागर्दी करते आदमी
मिल गई एक बिलकुल सही
पैसे की बात हो रही है
शरीर का मोल लग रहा है
छोड़कर शादी का आनंद
ढूँढ रहे हैं अनंत आनंद
कुछ चाह रहे हैं मज़ा
कुछ के लिए है जीविका
नतीजे हैं ख़ौफ़नाक

बना देंगे उन्हें डरा हुआ और बीमार
बेवफ़ाई छुप नहीं सकती
तुम्हारा गर्व है तुम्हारा साथी
रहो वफ़ादार और विनम्र
मत होने दो अपनी ज़िन्दगी को चूर चूर

आईने को तोड़ दो

उसकी जली हुई ऊँगली देखकर
तड़प उठता था उसकी माँ का दिल
सर से पांव तक है वह झुलसी हुई
इस घिनौनी काली दुनिया में सड़ने के लिए छोड़ दी गई

सुंदर होना कोई पाप नहीं
कर्तव्यनिष्ठ होना कोई अपराध नहीं
उन्होंने उसे पूरब और पश्चिम में ढूँढा
उसका लगातार पीछा किया
उसने उन्हें टाला कितनी बार
उसने विद्रोह किया कई बार
वह नहीं करेगी कभी समर्पण
मत देखो उसका लिंग

उनका पहला कदम होता है धमकाना
और आख़िरी हथियार उठाना
शांतिप्रिय और मासूमों पर
एसिड फेंकने वाले ये कमीने
चीख़ें पहुँचती हैं ऊपर आसमान तक
इन बदसूरत बचने वालों की भी तमन्नाएं थीं
कुछ हैं अंधी कुछ अपंग
इन पापियों को करना चाहिए जेल में बंद

यह भयानक नज़र है अब सभी के लिए
वह दीवार का आइना तोड़ देना चाहती है।

काला

काला होता है चमकीला और लुभावना
उसे दिखावे के लिए मत छोड़ना
धोखेबाज़ नहीं, है वह सफ़ल
विश्वास करने लायक अनुकूल
ज्ञानपूर्ण और हुई पारस के स्पर्श के साथ पैदा

गिरगिट

हम उनके रंगों की झलक देखते हैं
वे फलती हैं घास के मैदान में
लाल जब वह गुस्सा होती हैं
पीली जब वह भूखी होती हैं
हरा दिखाता है इसकी ईर्ष्या
नीला है इसकी उत्सुकता
नारंगी जब यह अहंकारी हो जाती है
गुलाबी जब यह शर्माती है
भूरा जब विश्वासघात के एहसास से भरी होती है
जामुनी जब वफ़ादार दिखने की कोशिश करती है
काला जब पाप करती है
सफ़ेद जब ईश्वर के साथ एक हो जाती है
एक गिरगिट के विविध रंग
करते हैं नारी के ख़ास पहलुओं का चित्रण
है एक गिरगिट जैसी
सावधान रहना - वह है एक स्त्री

साहचर्य

कौन है सच्चा साथी?

विविध प्रतिक्रियाएं मेरे दिमाग़ को घेरती हैं

कुछ हैं जो मुख्य होते हैं

प्रेम को ऊपर रखना चाहिए

अहं को हमेशा पीछे रखना चाहिए

दो स्वाद अलग हो सकते हैं

नतीजे, कई बार, डरावने हो सकते हैं

समझौते की कला खोजो

बहस से दूर रहो

सुलह करना बहुत मुश्किल काम लगेगा

सिर्फ़ इसीसे तुम्हारा प्यार बढ़ेगा

दिन हो सकते हैं भारी और हल्के

तुम्हारा जीवन खूबसूरत हो और चमके

जब तुम्हारा दिल से दिल मिल जाएगा

कभी कोई बुरा मौक़ा नहीं आएगा

अपने जीवन को नदी की तरह बेरोकटोक बहने दो

अपने साहचर्य को कभी तक़लीफ़ में मत रहने दो।

वह आदमी जिसने मेरा दिल चुरा लिया

जब मैं बीस की उम्र पर पहुंची
मुझे मिला वह आदमी जिसकी उम्र थी पच्चीस

मैने अपना दिल किसी को देने का फैसला किया
जो ज़िन्दादिलों में नायक था

तरंगें उठ रही थीं दो दिलों में
कोई रिश्ता नहीं था अतीत में
हमारी रंगत की वजह से वादा कभी नहीं टूटेगा
तुम थे गोरे और मेरा रंग था गेहुँआ

तुमने मुझे कमल जैसी हीरे की अंगूठी का दिया तोहफ़ा
मैं जब भी इसे देखती मेरा मन था झूमता
तुमने सिंदूर से मेरी मांग भरी
मुझे लड़की से बना दिया स्त्री

तुम्हें पसंद नहीं मेरा मुरझाया और उदास चेहरा
तुम सक्षम थे तुमने कभी नहीं छोड़ा

हमें कोई अलग नहीं कर सकता भगवान के सिवा
तुम्हीं वह आदमी हो जिसने मेरा दिल चुरा लिया

भाई बहन

धागे का जो टुकड़ा मैंने है बाँधा
मत होने देना उसे वक़्त के साथ ढीला
अनुराग और आशीर्वाद है इसमें

गौरव और करुणा है इसमें
हम कितने साल रहे एक साथ
हँसे और रोए एक साथ
अब मैं साथ नहीं रहती तुम्हारे
फ़िर भी हम ख़ून से हैं जुड़े
तक़लीफ़ और निराशा के वक़्त में
ख़ामोशी से देखती हूँ तुम्हें
तुम्हारी एक थपकी मेरे कंधे पर
लगता है तक़लीफ़ से आ गई हूँ बाहर
इस जीवन में और इसके बाद हमेशा
मुझे तुम सा ही भाई मिले यही है मेरी इच्छा।

नारियां

ज़िंदगी के हर पहलू में तुम अद्वत हो
आशावादी और संघर्ष का स्वागत करती हुई
मंत्रमुग्ध करने वाला और रहस्यमयी चेहरा
तुम्हारे पीछे आएगा सशक्तिकरण
विचारों और कर्मों में हो तुम उत्तम।

खंड 3

पारगमन

मैं ख़ुद से प्यार करती हूँ

मुझसे प्यार करो या नफरत
मैं नहीं बदलूंगी

मेरी आँखें गहरी काली हैं
मेरे होंठ एकदम सही हैं
मुझे उन्हें लाल रंगना बहुत पसंद है
मुझे अपने शरीर से प्यार है
मेरे बाल हवा में स्वतंत्र रूप से उड़ते हैं
मैं अलग-अलग वेशभूषा के कपड़े पहनती हूँ
सफेद रंग मुझे भगवान के करीब लाता है
भगवान मेरा सहारा है
मेरे पास बताने के लिए कुछ नहीं है
वह मेरे साथ चलता है
वह मुझसे बात करता है
वह मुझे सपने दिखाता है जो मैं संजोती हूँ
वह मेरे सपनों में आता है
वह मेरा मार्गदर्शक है
वह मुझे सही राह पर चलना सिखाता
मैंने सारी बाधाओं को पार कर लिया है
सारी मानसिक अस्थिरताओं को ठीक किया
चुपचाप अप्रिय रास्तों को पार किया
अंत में पवित्र स्नान किया
अगर आपका दिल पवित्र है
तो आपको सबसे अच्छा मिलेगा
पांच दशक गुजरने के बाद
इस विराट संसार में
मैंने शुरू कर दिया है
खुद से प्यार करना

मेरी बेटी का जन्म

उसकी टिमटिमाती आँखें और नन्हे पैर
जिसने मेरे दर्द को मिटा दिया और मुझे पूरा कर दिया
उसे देखते ही मैं ख़ुद को रोक नहीं पाई
मैं एक गहरी नींद में चली गई

मैंने एक चमकती रौशनी में अपनी आँखें खोलीं

मैं अपनी आँखों में संतोष के आँसू महसूस कर सकती थी

भगवान की सबसे शानदार रचना

भगवान की कृपा से मेरी बाहों में थी

मैं एक बेटी की माँ बन गई थी

मैंने उनसे कहा कि उसे एक संख्या के रूप में न गिनें

आपकी दौड़ में कई लोग पैदा हुए होंगे

लेकिन मेरे लिए वह मेरा पहला शिशु था

वह मेरा गौरव और मेरी ख़ुशी है

वह कभी भी मुझे रोगग्रस्त या रोते हुए नहीं देख सकती

वह दिन अब तक और उसके बाद का सबसे भाग्यशाली दिन है

जो मेरी बेटी के जन्म का दिन है।

एकान्त औरत

एक नई महिला ने जन्म लिया है
बादलों से झाँकते इंद्रधनुष की तरह

वह आनंद के साथ रहने के लिए अपने दुखों को छोड़ देगी

ऐसे काम करेगी जिससे उसे गर्व होगा

वह बदसूरत या ख़ूबसूरत हो सकती है

उसकी असफलताएं सफलता के स्तंभ हैं

वह अधिक मेहनती और कर्तव्यपरायण है

अब वह तनाव में नहीं रह सकती

वह अपने लक्ष्यों को प्राप्त करने का प्रयास करती है

अगर उसे प्रताड़ित किया गया तो वह उसका जवाब देगी

वह अलग-अलग भूमिकाएं निभा सकती हैं

वह अपनी किस्मत खुद तय करेगी

उसे एक महिला बनाने के लिए किसी पुरुष की ज़रूरत नहीं है

वह एक अकेली महिला होने के नाते संतुष्ट है।

सोलह बरस की एक लड़की

वह किसी पर्वत की चोटी की तरह बुलंद है
वह नहीं चाहती कि उसका जीवन धूमिल हो
वह हरे जंगल में सैर करना चाहती है
वह सबसे शुद्ध और निष्पक्ष है
वह सागर जितनी गहरी है
उसका जीवन भक्ति से भरा रहने दो
वह किसी नदी की तरह फुदकती है
बर्फ का ठंडा पानी उसे कंपा देता है
वह सूर्य की तरह तेजस्वी है
वह घूमना और मस्ती करना पसंद करती है
वह चंद्रमा के समान शांत है
वह चाहती है कि उसके हर सवाल का जल्द जवाब मिले
वह नीले आकाश की तरह साफ़ है
स्वर्ग दूत के जैसे पंखों के साथ वह उड़ना चाहती है
वह गहरे कालों बादलों की तरह है
वह भीड़ में अलग खड़ी है

वह सितारों की तरह चमकती है

वह जल्द ही बेड़ियों को तोड़ देगी

वह बारिश की बूंदों की तरह कोमल है

अपने जीवन में, वह कोई दर्द नहीं चाहती है

सोलह साल की लड़की के लिए जीवन एक सपने की तरह है

न बहुत छोटी और न बहुत बड़ी

कई तथ्य अभी भी अनकहे हैं

गलतियां हो सकती हैं; हमें डांटने की जरूरत नहीं है।

रानी लक्ष्मीबाई

उसे मनु कहें या मणिकर्णिका ताम्बे

बनारस की धरती पवित्र थी

एक निडर आत्मचकित थी

भागीरथी की गोद में

छबीली, खिलाड़ी उभर रही थी

गंगा के तट पर बिठूर में नाना साहब द्वारा

इस खूबसूरत लड़की का महत्त्व दिखा और उसकी प्रशंसा हुई

उत्साह से भरी सवारी, निशानेबाजी और तलवारबाजी

मनु से छबीली से लक्ष्मीबाई तक

वह देवी सरस्वती का प्रतीक बन गई

राजा गंगाधर उसका दूल्हा बना

तेरह बरस की उम्र में, वह मूर्छित अवस्था में चली गई

वह लड़ने के लिए पैदा हुई थी

उसके अधिकारों के लिए लड़ी

ओ! झांसी की महिलाएं, अपना कोया छोड़ो

अपने देश को कयामत से बचाओ

एक मुस्कुराती हुई विधवा, एक गोद लिया हुआ बच्चा

दुश्मन ने उसे दिन-रात बदनाम किया

उसने अंग्रेजी को चिल्लाया

"अपनी झाँसी नहीं दूँगी

अपनी झाँसी नहीं दूँगी"

उस उदास, उग्र रात में

काले बादल गरजने लगे

विशाल किले को लूट लिया गया

यह एक विनाशकारी दृश्य था

पतली सी हवा में वह गायब हो गई

अपने दो आत्म-साथियों के साथ

आनंद राव और बादल

उसने घातक छलाँग लगाई

उसके प्रतिद्वंद्वियों ने उसका पीछा किया

उसने हिम्मत नहीं हारी

लेकिन घायल होकर वह गिर पड़ी

अपने प्रियजनों के लिए उसका दिल गर्व से भर गया

झाँसी शहर और देश भारत के लिए उसने साँस ली

उनका जन्म झांसी के लिए हुआ था

वह झांसी के लिए जी

वह झांसी के लिए मरी।

कोकून

रेशम के कोये में किसी कीट की तरह

आप रेशम की पोशाक में लिपटे हुए आराम करते हैं

इस पागल, विक्षिप्त दुनिया से मीलों दूर

आप अपने सपनों की दुनिया में अलग-थलग से रहते हैं

न सूरज की रोशनी और न ही चांदनी

न कोई डर न कोई दुर्दशा

चारों ऋतुएँ हस्तक्षेप नहीं कर रही हैं

किसी भी मनुष्य की आत्मा नहीं दिख रही है

क्या आप दुनिया से बचने की कोशिश कर रहे हैं?

रेशम की पोशाक को निकाल दें

एक रूप बनाओ और दुनिया का सामना करो

स्वयं को शामिल करो और संपृक्त रहो

बारिश की बूंदों और हवा को महसूस करो

किसी नेत्रहीन की तरह अपनी आँखें बंद मत करो

जीवन केवल एक ही पल देता है

इस दुनिया को रहने के लिए एक बेहतर जगह बनाओ।

पदचिन्ह

हर नवजात भगवान का उपहार है
एक मासूम फूल पृथ्वी पर पैदा हो गया है
जो तुम्हारे नक्शेकदम चलेगा

जो तुम्हारी भाषा बोलेगा
आइए हम भविष्य के पुरुषों को निर्देश दें
दुनिया को एक आकर्षक जगह बनाने के लिए
एक महिला के सौहार्द की जरूरत है
आइए हम उसे पर्याप्त स्थान दें
सभी पुरुषों को महिलाओं का सम्मान करना सिखाएं
महिलाओं को पीटना, मारना या बलात्कार करना बंद करें
वह निर्दोष और पवित्र पैदा हुई है
कुछ ऐसे पुरुष हैं जो उसे अपवित्र बनाते हैं।

उसकी चुप्पी को आवाज़ दो

पुल्लिंग और स्त्रीलिंग
परमात्मा द्वारा बराबर माने जाते हैं
वह एक जन्मजात राजकुमार है
वह एक राजकुमारी नहीं है
असमानताएँ भयावह हैं
हमें आग्रहपूर्वक चिंतन की जरूरत है
वह कुपोषित है, उसका पालन पोषण होता है
वह अकालग्रस्त है, वह तृप्त है
उसके चेहरे पर नकली मुस्कान होती है
आइए हम उसे अविभाज्य स्थान दें
ज्ञान में असमानताएं न होने दें
ज्ञान हासिल करने दें
आइए साक्षरता फैलाएँ
अशिक्षा से जीवन-यापन कठिन है
उसके सपने मत तोड़ो
उसकी चुप्पी को आवाज़ दो।

चिता की देवी

जिस दिन से वह शादी के बंधन में बंधी, वह उसका भगवान था
उसके पैर छुए और अपने पति को इष्ट माना
वह उसका जीवन और उसका गौरव था
अब वह एक निर्जन भूमि पर लेटा है
वह न तो हंसता है और न ही रोता है
वह न तो हरकत करता है और न ही सांस लेता है
वह अभी भी तालाब में पानी के रूप में है
उसने उसके साथ जीने और मरने की प्रतिज्ञा ली थी
वह सती होकर मरेगी
अंतिम संस्कार की चिता बनाई गई
वह किसी नवविवाहिता की तरह कपड़े पहनती है
वे उसके गले में माला डालते हैं
वह निडर होकर चिता पर बैठती है
वह चिता पर देवी बन जाती है

वह जीवित है और उसका पति मर चुका है

ऐसी परंपराएं खोखली हैं
ऐसा किसी भी महिला को पालन नहीं करना चाहिए
यह जीवन का अंत नहीं है
अकेले रहो और संघर्ष को सहो
महिलाओं का अब एक अलग परिदृश्य है।
अशुद्ध विचारों को वक़्त के साथ जाने दो

अपराध में भागीदार

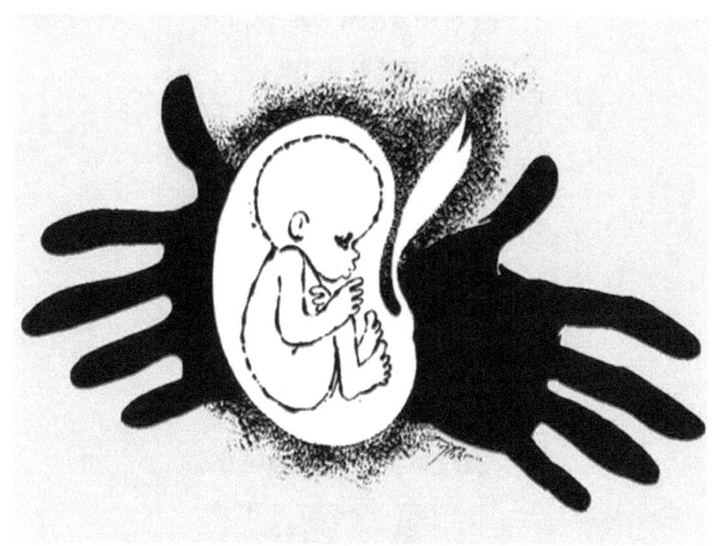

उसके गर्भ में
एक नए जीवन ने जन्म ले लिया है
इसे सयंम से संभालें
विलाप करने की ज़रूरत नहीं है
बारह हफ़्ते का भ्रूण

इसकी रगों में तुम्हारा खून है

अजन्मे को तुमसे कोई शिकायत नहीं है

अचानक झटका

यह एक बेटी है

अब हँसी ग़ायब है

बस लिंग भेद

स्त्री की हत्या करने वाली स्त्री

उनकी एक अलग ही स्थिति होती है

ईश्वर कभी इसका हक नहीं देता

नज़रों से हटाना

मूक, दयनीय अजन्मी

इसकी सजा गंभीर होगी

सभी पापियों को सामना करना होगा

आराध्य से भरा छोटा दिल

अब जुदाई सहेंगे

इसे वेध दिया गया है

एक अजन्मी पवित्र आत्मा

उसे टुकड़ों में फाड़ दिया है

लाल रक्त सफेद हो जाता है

ओ! माँ, मुझे बचा लो

मैं चाहती हूँ कि मुझे प्यार किया जाए

मैं खुली हवा में सांस लेना चाहती हूँ

मैं जीना चाहती हूँ और देखना चाहती हूँ

इस अद्भुत, बाहरी दुनिया को

मुझे मृत और ठंडा मत छोड़ो

ओ! स्त्री
नींद से जागो
या तो आप सहमत होती हैं या असहमत
असहमति बेहतर है
हमेशा की तरह
अपराध में भागीदार होने से अच्छा

बाँझ

उसे बाँझ क्यों कहना?
तुम्हारा वैवाहिक जीवन एक इंतिख़ाब था
धूप के दिन थे
तारों वाली रातें थीं
फिर भविष्य डरावना क्यों
महीने और साल निकल गए
गलती अभी भी अज्ञात है
बंद दरवाजों के पीछे
बैठकर सिर पटकने की जरूरत नहीं
प्रकाश की तरफ़ देखो और धुंध को छोड़ो।
दुनिया भर के कई अनाथालयों में
बहुत से अनाथ हैं जिन्हें आप गोद ले सकते हैं
काले और गोरे
अमीर और गरीब
उनके जन्म की सच्चाई अंजान है
उन्हें स्थिरता और स्नेह की आवश्यकता है

उन्हें पहले ही अस्वीकृति का सामना करना पड़ा है
उन्हें आश्रय और नाम दें
वे निश्चित रूप से तुम्हारे लिए प्रसिद्धि अर्जित करेंगे
वे जल्द ही तुम्हारे रास्ते पर चलेंगे
तुम रोना छोड़ दोगे और हंसने लगोगे।

प्यार को सीमाओं से परे जाने दो

प्यार कभी जबरन नहीं होता है
यह दो दिलों का मेल होता है
प्यार कभी सिखाया नहीं जाता है
पकड़े जाने पर इसका खुलासा होता है
एक बच्चा जन्म के समय निर्दोष होता है
वक़्त के साथ वह लाचार हो जाता है
जाति भेद का सामना करना पड़ता है
इसे कड़वी सच्चाइयों का सामना करना पड़ता है
प्रेम को सीमाओं से पार जाने दो
उन्हें चुनने की आजादी दो
उनके जीवन को अस्वीकार मत करो
उन्हें कम प्रभावित होकर उनका आघात करते हो
आइए हम नई उत्पत्ति का पालन करें
आइए नफरत को उत्सव में बदलें
बड़ों को कोई अपराध न करने दें
सच्चा प्यार जीवनकाल में एक बार होता है।

नौ दिन

भारत विविध परंपराओं का देश है
आधे से ज्यादा लोग रीति-रिवाजों का पालन करते हैं
वे लाखों देवी-देवता की पूजा करते हैं
वे एक जर्जर जहाज पर खड़े हैं
मूर्तिपूजन के नौ दिन
हर एक दिन एक त्यौहार होता है
मंदिरों में पूजा करने वालों की भीड़ लगी रहती है
कुछ पापी और हत्यारे हैं
चमकीले कपड़ों में मासूम लड़कियां
वे ख़ुशी से गलियों और सड़कों पर दौड़ती हैं
आप गरीब और अमीर बेटियों के पैर धोते हैं
आप गरीब और अमीर बेटियों को खाना खिलाते हैं
क्या आप इसे ईमानदारी से करते हैं?
झूठी शान दिखाने की क़ोई जरूरत नहीं है
क्या यही सम्मान पूरे वर्ष रहेगा?
या यह हवा में कहीं गायब हो जाएगा

यदि आप सम्मान करते हैं, तो पूरे दिल से करें
लोगों की भीड़ में शामिल न हो जाएँ।

बिक्री हेतु

बाजार फल-फूल रहा है
दूल्हे सज रहे हैं
यह सब सदियों से हो रहा है
वे बिक्री के लिए तैयार हैं
ओहदे और डिग्री का प्रदर्शन
शायद कुछ सहमत होंगे
कुछ सुन्दर लड़के
कुछ वयस्क और डरपोक
मोलभाव की तैयारी करनी है
कोई भी पंक्ति से नहीं हटेगा
भले ही प्रक्रिया धीमी हो
ये साक्षर और परिष्कृत पुरुष
जिनके पास बेशर्मी और लज्जाजनक कहानियां हैं
लड़की बिकने के लिए तैयार है
कई बार जब वह ज्यादा बड़ी हो जाती है
तो ये शानदार बेटियां

अपनी बलि का इंतजार कर रही हैं
अपने बेटे को शादी के लिए शिक्षित करें
दहेज की मांग करने से बचें।

कोहिनूर

अपनी बलि का इंतजार कर रही हैं
अपने बेटे को शादी के लिए शिक्षित करें
दहेज की मांग करने से बचें।

पारवहन

ख़तरों का सामना करके दृढ़ तुम बन जाओगे
मिलन-स्थल देवदूत और शैतान के साथ होगा
अस्वीकार्य को स्वीकार करना वास्तविकताओं के करीब लाएगा
रूढ़िवादी और पुराने सिद्धांतों की उपेक्षा करके
एकांत केवल निराशावाद और घुटन लाएगा
भारत समृद्ध और कल्पना से परे चमकेगा
पारंपरिकता से आधुनिकिता की ओर पलायन ही समाधान होगा।

खंड 4

प्रस्थान

स्वागत

जब मैं पहुँचूँगी
ऊपर जन्नत में
क्या तुम वहाँ होगे?
खुली बाँहों से मेरा स्वागत करने के लिए
तुमने मुझे कुछ सार्थक करने के लिए भेजा था
जो मैंने किया
सबसे अच्छे ढंग से, अच्छे से अच्छे ढंग से

तुम्हारे सन्देश मैंने पहुँचाए
प्रतिबंधित थे
मैं दूरस्थ स्थानों तक पहुँचना चाहती थी
उसके लिए स्थिर मन चाहिए था
मैंने रोका
सबसे बुरा, बुरे से भी बुरा

अंततः, मैं उपदेश दे रही हूँ

संभावनाएं हैं
अपनी जड़ों से बंधी हूँ

किसकी प्यास बुझेगी?
मेरी, मेरी और मेरी प्यास।

लाल वस्त्र में महिला

जब मैं चार साल की एक छोटी बच्ची थी
वे उसके लिए दरवाजे से एक मृत शरीर लाए
बेशुध वह फर्श पर पड़ी रही
ऊपर से नीचे तक सफ़ेद वस्त्र में लिपटी हुई
उन्होंने उसका मंत्रमुग्ध कर देने वाला चेहरा खोला
उसके चेहरे पर अभी भी वही इनायत थी
उसकी आँखें एक टपकते आंसू से बंद थीं
शायद अपने प्रियजनों से अपने मोह की वजह से
क्या वह नींद से उठेगी?
मैं अपने गहन विचारों के साथ वहाँ खड़ी रही
उन्होंने मुझे कमरे से बाहर खड़ा रखा
मैं उसे जल्दी देखना चाहती थी
उन्होंने उसे नई दुल्हन की तरह सजाया था
उसने लाल रंग के कपड़े पहन रखे थे
मेरी माँ ने बताया कि वह मर चुकी है
वे उसे कहाँ ले जा रहे हैं?

मेरी जिज्ञासु आँखों ने उसका पीछा किया
उसकी यादों ने मुझे बरसों सताया
उसके सिर्फ़ सपने थे और कोई भय नहीं था
भगवान ने उसे अपने पास बुला लिया था
मैं चाहती थी कि वह कई वर्षों तक जिए।

राख

उन्होंने मुझे मेरे पसंदीदा कपड़े पहनाए हुए थे

वे मुझे खाक में मिलाने के लिए ले जा रहे हैं

मेरे पीछे लोगों की भीड़ चलेगी

मेरा शरीर राख में मिल जाएगा

मेरा जिंदा शरीर अक्सर महसूस करता है

मेरी एड़ियों से जलन को

मुझे ख़ुद को आइने में देखना अच्छा लगता था

लपटों में जल जाने के विचार मात्र से मैं दहल जाती हूँ

मेरी आँखें, मेरे शानदार होठ और मेरे बाल

मेरे शानदार पैर और मेरे हाथ

मेरा दिल जिससे मैं प्यार बाँटती थी

मैं किसी फ़ाख़ता की तरह शांत पड़ी रहूंगी

खाक में मिल जाऊंगी

एक क्षण भर में

वे मेरी राख को किसी पवित्र नदी में बहा देंगे

मैं गंगा नदी में मिल जाउंगी

फ़िर मैं अपने हल्के पैरों से चलूंगी
दूर चमकते स्वर्ग तक
अब मेरा शरीर बहुत अच्छा महसूस कर रहा है
मैं और भी ज्यादा आनंदित महसूस कर रही हूँ।

पोषण

जीवन ईश्वर का सबसे अद्भुत उपहार है
आइए हम इसे अच्छे विचारों से पोषित करें
अगर आपने इस संसार में जन्म लिया है
तो आपको इस संसार में मृत्यु का सामना भी करना पड़ेगा
मृत्यु हमेशा एक रहस्य है

उस पर काबू करने की कोई ज़रूरत नहीं है

आज नहीं तो कल, मृत्यु तय है

ख़ुद को मौत के हवाले करके आप महान नहीं कहलायेंगे

जीवन में सुख के साथ दुःख भी होंगे

शाम ढलने के बाद भोर भी होती है

हम अनगिनत इच्छाओं के साथ जीते हैं

निराश और उदास होकर

आप इस सवाल का जवाब कभी नहीं पा सकते

हम सभी एक ही दौड़ में हैं

इसलिए, अपना जीवन मुस्कुराते हुए जिओ।

जब तक मौत हमें जुदा न कर दे

हममें से कोई एक दिन चला जाएगा

बहुत कम ही होते हैं जो एक साथ जाते हैं

मुझे वह दिन याद है जब मेरी आँखें तुम्हारी आँखों से मिली थीं

मैंने तय कर लिया था कि जो मेरा है, वह तुम्हारा है।

इसलिए, अगर मैं पहले गई, तो बैठकर प्रार्थना करना

उस भगवान के लिए जो हमेशा तुम्हारे साथ रहेगा

मैं तुम्हें ऊपर स्वर्ग से देखूंगी

तुम हमेशा मेरा आख़िरी प्यार रहोगे।

मुझे सुबह की चाय की खुशबू के साथ याद करना

तुम मुझे समुद्र की लहरों में महसूस करोगे

तुम्हारा लाड़ करने के लिए मैं नहीं रहूंगी

तुम्हारा ख्याल रखने के लिए मेरे बच्चे होंगे।

तुम मुझे बारिश की बूंदों में महसूस कर सकते हो।

हमारा बंधन कभी बनावटी नहीं था
मैं नहीं चाहती कि तुम बैठकर रोओ
क्योंकि मैंने अभी तक अलविदा नहीं कहा है।

मेरा घर

जब मैं उस घर को याद करती हूँ जो मेरा था

मैं अपने शरीर में सिहरन महसूस करती हूँ

जिस दिन मैंने इसे हमेशा के लिए छोड़ा था

मुझे पता था कि वापस आना बहुत मुश्किल होगा

मैं दुःखी मन से हर कमरे में गई

दीवारों की महक ने मुझे झकझोर कर रख दिया

मेरा बिस्तर, अलमारी, मेज और कुर्सी

अब एक अलग स्वभाव धारण करेगा

मैंने गालों पर बहते अपने आंसुओं को महसूस किया

मैं चुप हो गयी और कुछ नहीं बोल सकी

मेरे बगीचे में सुंदर फूल खिल गए थे

आने वाली चार ऋतुओं में मैं नहीं रहूंगी

फिर मैंने एक शानदार घर में प्रवेश किया

जहां मैं अपने जीवनसाथी के साथ रहती हूँ

दर्दनाक यादें मेरा पीछा करती रहती हैं

उस घर की जो कभी मेरा था।

जीवनरक्षक नैय्या

किसी दिन, किसी का दिल तो मेरे लिए पिघलेगा
कोई तो मेरे लिए आंसू गिराएगा

मैं स्तब्ध हूँ

मैं दबी हुई हूँ

मैं उदास हूँ

मेरे रुदन अनसुने हैं

किसी दिन, कोई तो आएगा

किसी वीरान से

दूर या पास से

एक जीवन रक्षक नाव लेकर

मुझे दूर कहीं एक सपने से भरी दुनिया में ले जाने।

आत्मा का सफ़र

जब वह सिसकी तो किसी का दिल नहीं पिघला
जब वह मरी तो किसी की आत्मा नहीं चीखी
उसके पंख फड़फड़ाने लगे
खुले नीले आकाश में उड़ने के लिए

उसके सपनों के आदमी को संतुष्ट करने में
फिर भी वह एक महिला थी
उसका जूनून ख़त्म हो गया था
विकल्प बहुत कम थे

अपराध कोई नहीं था
फिर एक बहुत ही मुश्किल काम
शक्तिहीन और सुन्न पड़ी हुई
क्या यह एक शोक था?

आत्मा इत्मीनान से सैर पर निकलती है
अथाह गड्ढे से अनन्त आनंद तक।

जियो या मरो

वह उठती है और गिरती है
दीवारों के पीछे
लगातार शापित हो रही है
हमेशा के लिए बदनाम हो रही है

अभी भी समझ रही है
अभी भी तालीम ले रही है
मौन बोलता है
होठ धीरे से हिलते हैं

जागो और खड़े हो जाओ
जंजीरों को तोड़ो
अपने आप को खुला छोड़ो
दुनिया को देखो

जियो, जियो और जियो
मरो मत, मरो मत या मत मरो।

मेरे दरवाज़े की तरफ़ बढती मृत्यु

धीरे-धीरे यह हमारी तरफ़ बढ़ रही है
हम नहीं जानते कि इस कोलाहल को कौन सहेगा
हे मृत्यु! हमें छोड़ दो
मेरी चीख अनसुनी थी
मैंने कोई कसर नहीं छोड़ी
विनम्र और सभ्य बनें
पाप करते वक़्त तुम्हारे हाथ कांपते क्यों नहीं?
निर्लज्जतापूर्ण तरीके से हँसना छोड़ो
घृणा का साथ मत दो
केवल प्यार का साथ दो
आज हम अलग-थलग पड़े हैं
एक अकेली सूनसान राह पर
हम अपनी बारी के इंतजार में खड़े हैं।

तूफान

हर बेटी एक आशीर्वाद होती है
उसकी माँ हमेशा हमेशा उसे सबक सिखाती है
सावधान रहो जब कोई आदमी तुम्हें छुए
स्पर्श अच्छा और बुरा होता है

वह बेचैन होकर नीचे गली में चली गई
उग्र हवाएँ चलने लगीं
तूफान विनाश लेकर आया
यह अपहरण करके ले गया

वे चार थे और वह अकेली थी
वह केवल और विलाप कर सकती थी
वे उसे किसी अंजान जगह पर ले गए
उन्होंने उसे रेत पर फेंक दिया

उसे निर्वस्त्र किया गया और काटा गया
पाप करने के बाद, वे लौट रहे थे
वह खून से लथपथ और लहूलुहान थी
उसका इस्तेमाल, इस्तेमाल और सिर्फ़ इस्तेमाल किया गया था

वह वहाँ अभी भी आँखें खुली के साथ पड़ी थी
वह मदद के लिए चिल्लाती रही लेकिन उसका शरीर टूट चुका था
वह महसूस कर सकती थी कि उसकी माँ उसे कसकर गले लगा रही है
"यह एक बुरा स्पर्श था, माँ" उसने आखिरकार कहा।

पसंद तुम्हारी है - स्वर्ग या नर्क

सदियों से हमने सुना और पढ़ा है

मृत्यु के बाद सभी के लिए जगह है

जो जीवन मिला है वह पूरी तरह से आपका है

कोई भी कभी आपके लक्ष्य निर्धारित नहीं करेगा

फिर एक दिन सबके लिए आएगा

जब तुम्हें आख़िरी बुलावा आएगा

तुम्हारा शरीर कब्र के लिए रवाना होगा

तुम्हारी आत्मा एक अज्ञात गुफा की यात्रा पर निकलेगी

स्वर्ग के द्वार खुलेंगे

अगर तुम अच्छी चीजों को होने देते हो

अपने जीवन में सदाचारी और समर्पित रहें

यदि तुम स्वर्ग तक पहुँचना चाहते हो

नरक के द्वार खुले रहेंगे

अगर तुम बुरी चीजों को होने देते हो

यदि तुम अपने जीवन में बुरा और पाप करते हो

तुम कभी स्वर्ग नहीं पहुँचोगे

अब तुम दरवाजों के बाहर खड़े रहोगे
अब तुम्हारे पास साथी नहीं रहेंगे
पसंद तुम्हारी है - स्वर्ग या नर्क
"मैं तय करूंगा, मेरे बच्चे" भगवान ने कहा।

जो बाकी है उसे पूरा करें

हमारे जीवन के कुछ प्रमुख पहलू अभी भी बाकी हैं

आइए जाने से पहले हम उन्हें पूरा करते हैं

आइए हम जरूरतमंदों की मदद करें

आइए हम उन्हें लालची न बनने की शिक्षा दें

आइए हम वृद्ध और रोगग्रस्त की सेवा करें

आइए हम किसी से अपशब्द न कहें

आइए हम अपने से बड़ों का सम्मान करें

आइए हम अपने अंदर की इच्छाओं को मार दें

आइए हम अपने दिलों में प्यार की लौ जलाएं

आइए हम ख़ुद को विश्वास दिलाएं कि हमें किसी मकसद से भेजा गया है

आइए हम किसी को भी दुःख न पहुँचाएँ

आइए हम अपना काम तब तक करते रहें जब तक कि हम अलविदा न कह
दें

आइए जो बाकी है उसे पूरा करते हैं

आइए हम किसी के लिए मूल्यवान सीख छोड़ें।

भारत की महिलाओं को चमकने दो

ओ! स्त्रियों, निद्रा से उठो

अपने राष्ट्र को बचाने का समय आ गया है

अपने मन को अधिक ज्ञानवान होने दो

इस तथ्य को स्वीकार करो कि तुम सक्षम हो

अकेले खड़े हो और अपने अधिकारों के लिए लड़ो

हर अंधेरी रात के बाद एक चमकती हुई सुबह है

तुम अपनी प्रतिभा के साथ चमक रही हो

उन महिलाओं को याद करो जो वीर थीं

कदम दर कदम तुम सफलता की अपनी यात्रा पर बढ़ रही हो

अपने नए उद्यम में तुम प्रगति करोगी

सदियों पुरानी परंपराओं और रीति-रिवाजों को परे रखो

आने वाली पीढ़ियों के लिए नई प्रणालियों को अपनाओ

अपने जीवन को एक नई शुरुआत के साथ बदल डालो

कल्पना करो कि आपका जीवन कैसे डूब रहा था

अब पीछे खड़े होने की जरूरत नहीं है

भारत की महिलाओं को चमकने दो।

प्रस्थान

कदमों के निशान मैं छोड़ूंगी
मैं तो एक मेहमान थी इसलिए शोक मत मनाओ
कईयों के लिए प्रेरणादायक, हालांकि अनुगमन कुछ ने ही किया
छुई-मुई नहीं मैं जो छूते ही मुरझा गई।

डॉ. हरमीत कौर भल्ला

कानपुर

Friends never say goodbye